MW01283536

This book belongs to:

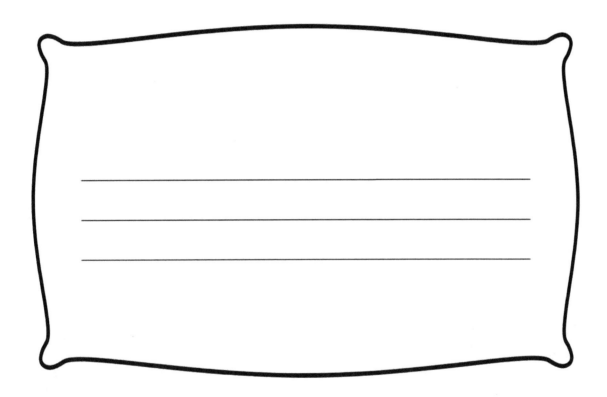

Dreidel

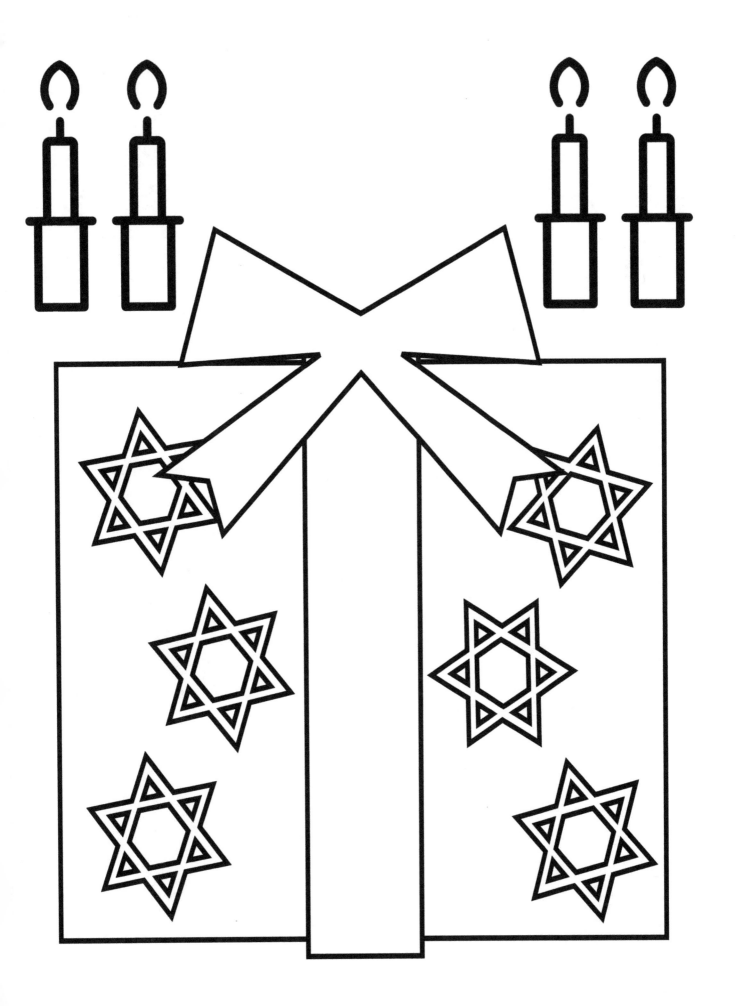

SYNAGOGUE

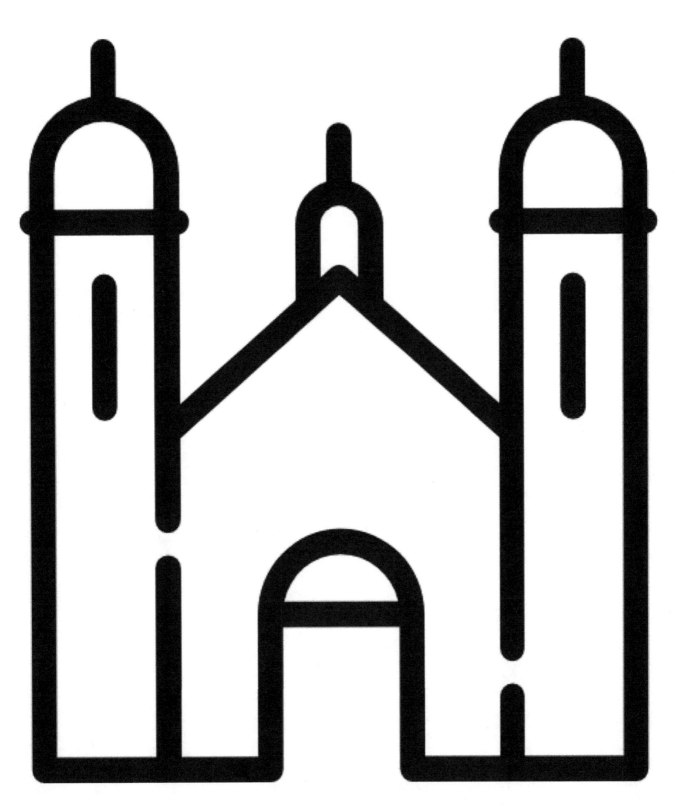

STAR OF DAVID

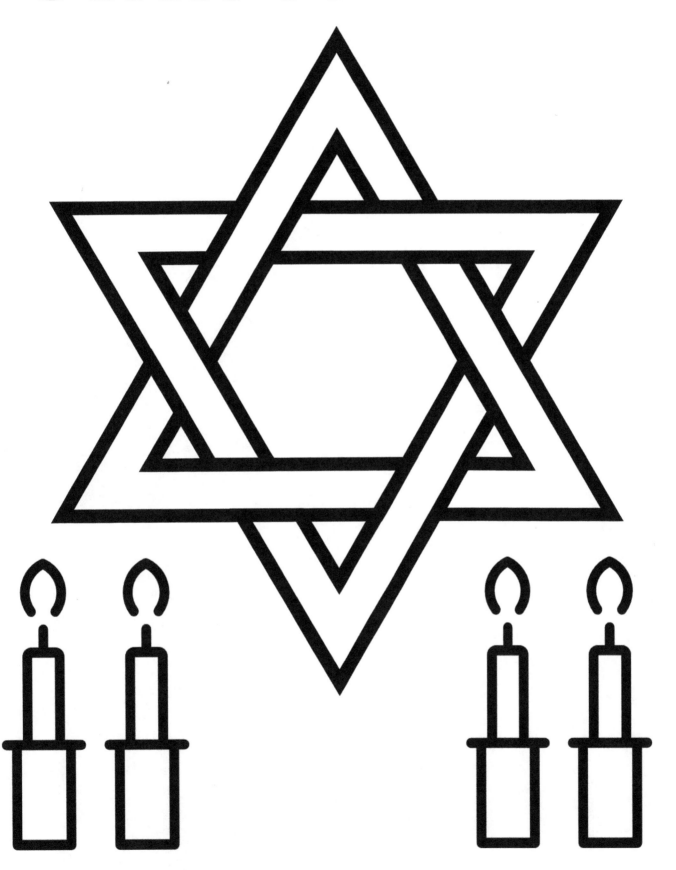

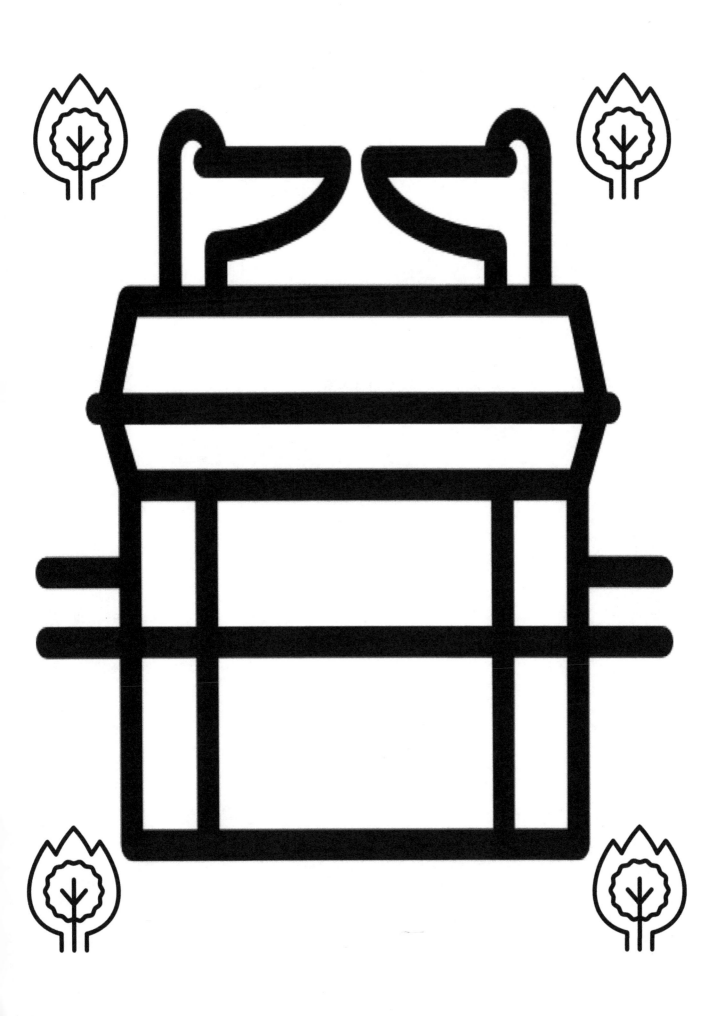

TORAH

TREE OF LIFE

HALAKHA

SOLOMON TEMPLE

APPLE CAKE

BAGEL

MANNA
JAR

MENORAH

TALIT

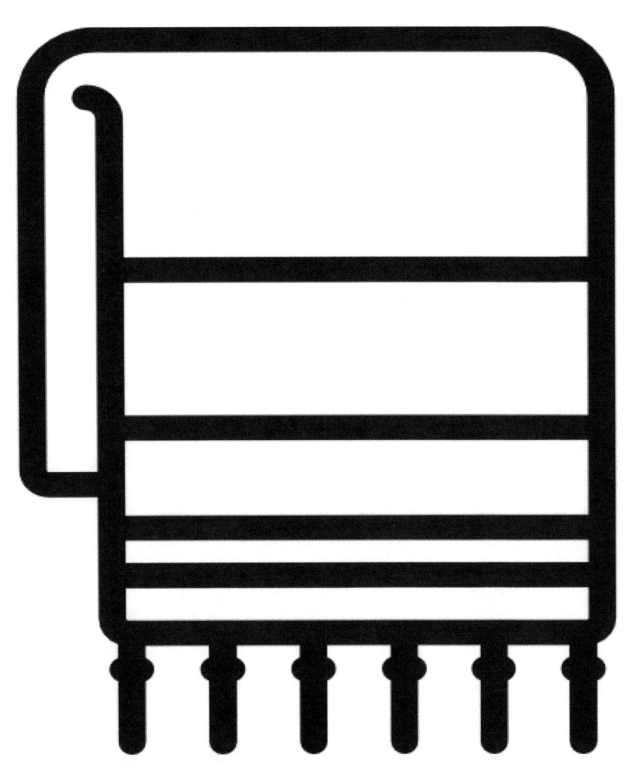

SHOFAR

ISRAEL FLAG

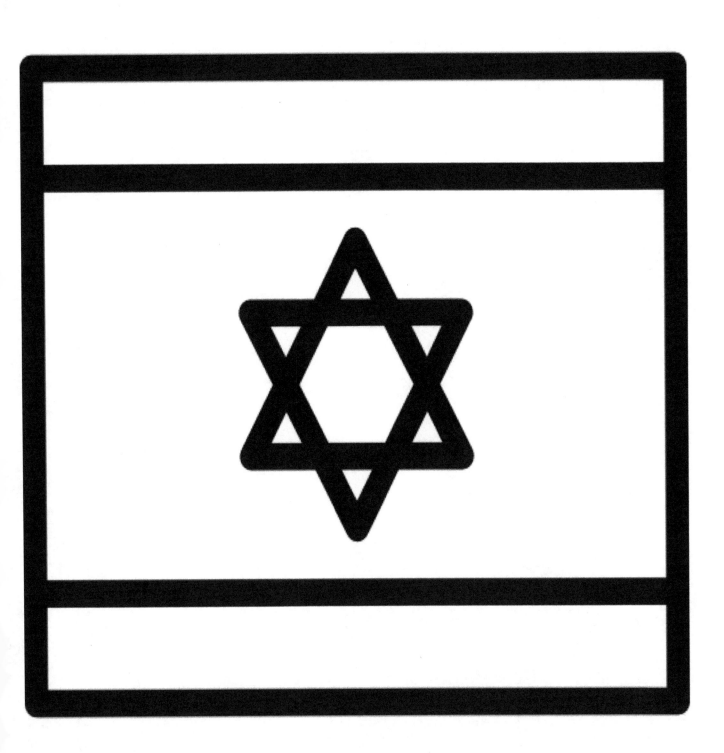

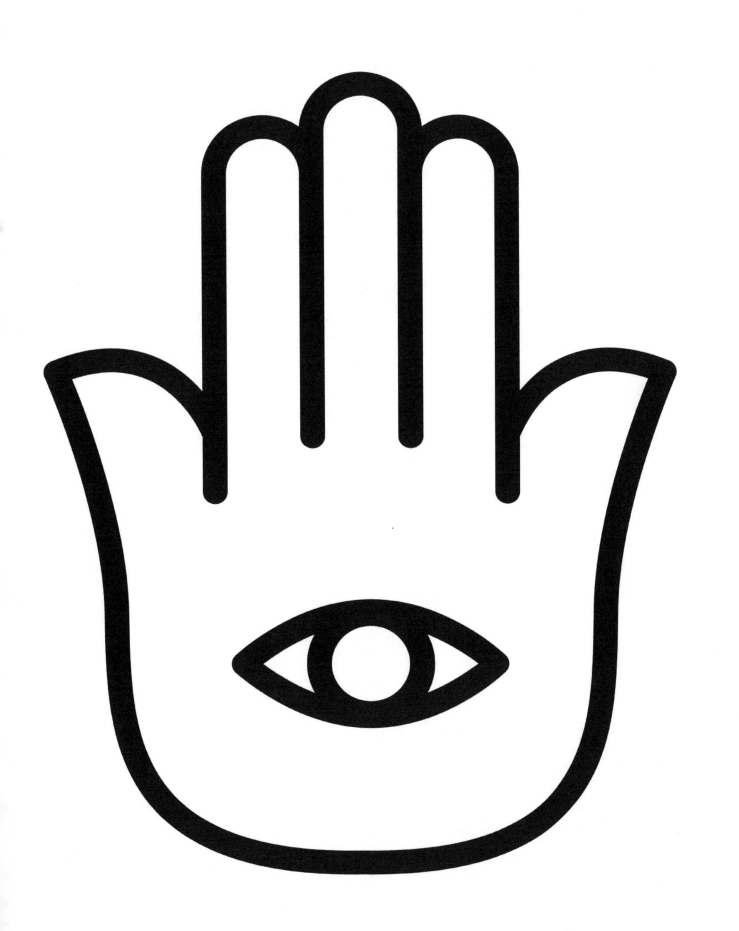

Word Search Time!

Happy Hanukkah

K	T	C	O	H	I	G	H	A	Z	U	Z	E	M
I	O	I	A	H	E	G	Y	P	T	T	L	Z	B
P	R	L	R	N	H	A	M	S	A	E	H	I	A
P	A	H	S	N	D	O	A	K	P	M	A	S	G
A	H	L	I	L	S	L	Z	O	U	P	K	R	E
H	O	H	A	E	R	D	E	A	C	L	K	A	L
D	O	L	S	A	E	A	R	S	E	E	U	E	S
G	G	Z	B	O	T	K	H	E	D	N	N	L	G
R	C	L	T	N	P	A	A	A	I	P	A	N	T
A	R	C	H	A	L	L	A	H	L	D	H	U	L
G	A	O	E	E	M	I	I	Z	A	M	E	O	Z
G	S	E	U	G	O	G	A	N	Y	S	G	L	H
E	C	O	I	N	S	A	N	A	U	O	E	M	G
R	Y	H	A	R	O	N	E	M	H	A	H	P	E

ISRAEL
DREIDEL
COINS
KIPPAH
CANDLES
MENORAH
MATZO
SYNAGOGUE
GRAGGER
HANUKKAH
BAGELS
TORAH
MOSES
EGYPT
MEZUZAH
CHALLAH
TEMPLE
HAMSA

Happy Hanukkah

We hope you enjoy this book!

Would you please leave us a review on Amazon?
It would really help us out!

Feedback and comments from our readers really make our day!

Thank you!

Gianeska Books

CPSIA information can be obtained
at www.ICGtesting.com
Printed in the USA
LVHW052133301120
673037LV00012B/1965